Liebe –

mehr als nur ein Wort

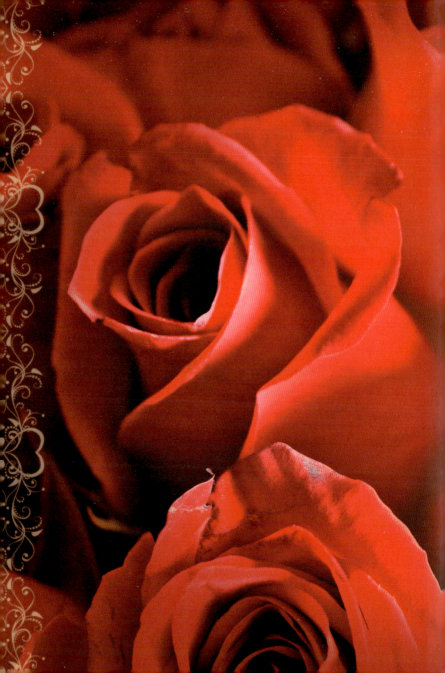

Einen Menschen wissen,
der dich ganz versteht,
der in Bitternissen
immer zu dir steht,
der auch deine Schwächen liebt,
weil du bist sein;
dann mag alles brechen —
du bist nie allein.

M. v. Ebner-Eschenbach

Schokoladentrüffel

400 g Zartbitterschokolade
60 ml süße Sahne
30 g Butter
50 ml Likör nach Geschmack, oder 10 ml Backaroma
(z. B. Vanille)
Schokoladenstreusel oder Kakaopulver

Schokolade in der Sahne im Wasserbad oder
in der Mikrowelle langsam zum Schmelzen bringen.
Butter zugeben und so lange rühren,
bis sie geschmolzen ist.
Likör oder Aroma unterrühren.
Die Masse im Kühlschrank fest werden lassen.
Aus der Masse kleine Kugeln formen und diese
in Schokoladenstreuseln oder Kakaopulver wälzen.

Ergibt ca. 20 Trüffel.

Liebe und Ehe — mit einem Augenzwinkern

Den Kampf der Geschlechter wird nie jemand
für sich entscheiden.
Dazu gibt es zu viel Kollaboration mit dem Feind.

– Henry Kissinger

Ein Mann ist erst dann wirklich verheiratet,
wenn er jedes Wort versteht, das seine Frau nicht sagt.

– Unbekannt

Liebe kannst du nicht mit einem Preisschildchen versehen,
wohl aber all ihre Accessoires.

– Melanie Clark

Es ist Vernarrtheit, wenn du ihn für so sexy hältst wie
Robert Redford, für so intellektuell wie Henry Kissinger,
für so edelmütig wie Ralph Nader, für so witzig wie Woody
Allen und für so sportlich wie Michael Schumacher.
Liebe dagegen ist, wenn du bemerkst, dass er so sexy ist
wie Woody Allen, so intellektuell wie Jimmy Conners,
so sportlich wie Henry Kissinger und kein bisschen so wie
Robert Redford – und dennoch bei ihm bleibst.

– Judith Viorst

Ehe ist eine der wenigen Institutionen, die es einem Mann
erlauben, zu tun, was seiner Frau gefällt.

– Milton Berle

Sag mir,
wen du liebst ...

John Blanchard erhob sich von der Bank, strich seine Armee-uniform glatt und besah sich die Menschenmenge, die durch die Grand Central Station, New Yorks größten Bahnhof, wog-te. Er hielt Ausschau nach der Frau, deren Herz ihm vertraut war, deren Gesicht aber unbekannt. Die Frau mit der Rose. In einer Bibliothek in Florida war vor dreizehn Monaten sein Interesse an ihr geweckt worden. Er hatte ein Buch aus dem Regal genommen und war sofort fasziniert gewesen – nicht von den Worten des Buches, sondern von den Anmerkungen, die mit Bleistift an den Rand geschrieben waren. Die feine Handschrift ließ auf Tiefsinnigkeit und Weisheit schließen. Auf der ersten Seite des Buches entdeckte er den Namen des Vorbesitzers – eine Miss Hollis Maynell. Mit Geduld und viel Einsatz gelang es ihm schließlich, ihre Adresse ausfindig zu machen. Sie wohnte in New York. Er schrieb ihr einen Brief, in dem er sich vorstellte und sie zu einem Briefwechsel einlud.

Am nächsten Tag reiste er per Schiff zu seinem Einsatz im Zweiten Weltkrieg nach Europa. Während des darauffolgen-den Jahres lernten sich die beiden durch ihre Korrespondenz immer besser kennen. Jeder Brief war wie ein Same, der auf fruchtbares Land fiel. Eine zarte Liebesbeziehung keimte auf. Blanchard bat seine Brieffreundin um ein Foto, doch sie verweigerte es ihm. Sie meinte, wenn es ihm wirklich ernst mit ihr sei, wäre es egal, wie sie aussehe. Als endlich der Tag seiner Rückkehr aus Europa nahte, verabredeten sie sich für ihr erstes Treffen – sieben Uhr abends an der Grand Central Station in New York. „Du wirst mich", so schrieb sie, „an der roten Rose erkennen, die ich am Revers trage."

So stand er also um sieben Uhr an der Haltestelle und hielt Ausschau nach dem Mädchen, dessen Herz er liebte, dessen Gesicht er aber noch nie gesehen hatte. Aber lassen wir doch Blanchard selbst zu Wort kommen:

Eine junge Frau kam auf mich zu, sie war groß und schlank. Ihr blondes Haar lag in sanften Wellen hinter ihrem zierlichen Ohr, ihre Augen waren kornblumenblau. Ihre Lippen und ihr Kinn waren von sanfter Festigkeit, und in ihrem hellgrünen Kostüm sah sie aus wie der Frühling selbst. Ich trat auf sie zu und übersah dabei völlig, dass sie keine Rose trug. Ein leichtes herausforderndes Lächeln umspielte ihre Lippen, als ich auf sie zuging. „Haben wir die gleiche Richtung, Soldat?", fragte sie leise. Unwillkürlich trat ich noch einen Schritt näher – da sah ich Hollis Maynell. Sie stand hinter dem Mädchen. Eine Frau weit jenseits der 40, ergrautes Haar unter ihrem abgetragenen Hut. Sie war mehr als nur etwas füllig. Ihre Füße mit den dicken Gelenken hatte sie in flache Schuhe gepresst. Das Mädchen im grünen Kostüm jedoch entfernte sich rasch. Ich fühlte mich wie zerrissen, so stark war mein Verlangen, ihr zu folgen, so tief aber auch meine Sehnsucht nach der Frau, deren Geist mich wahrlich begleitet und den meinen aufgerichtet hatte.

Und hier stand sie nun. Ihr blasses, rundes Gesicht war

sanft und einfühlsam, in ihren grauen Augen blinzelte warme Freundlichkeit. Ich zögerte nicht. Ich fasste das abgegriffene, in blaues Leder gebundene Büchlein fester, das mein Erkennungszeichen für sie sein sollte. Liebe würde es nicht sein, doch etwas Wertvolles würde es werden, vielleicht sogar besser als Liebe – eine Freundschaft, für die ich zutiefst dankbar sein konnte und immer sein würde.

Ich straffte meine Schultern, salutierte und hielt der Frau das Buch entgegen. Während ich sprach, spürte ich Enttäuschung in mir aufsteigen. „Ich bin Leutnant John Blanchard, und Sie müssen Miss Maynell sein. Ich freue mich sehr, dass wir uns endlich kennenlernen. Darf ich Sie zum Essen einladen?" Auf dem Gesicht der Frau zeigte sich ein nachsichtiges Lächeln. „Ich weiß zwar nicht, was das hier soll, mein Sohn", antwortete sie, „aber die junge Dame im grünen Kostüm hat mich gebeten, diese Rose an meinen Mantel zu stecken. Dann sagte sie, falls Sie mich zum Essen einladen würden, solle ich Ihnen ausrichten, dass sie Sie in dem großen Restaurant auf der anderen Straßenseite erwartet. Sie meinte, es sei eine Art Test!"

Es fällt nicht schwer, Verständnis und Bewunderung für Miss Maynells Weisheit aufzubringen. Wie es in jemandes Herzen wirklich aussieht, zeigt sich daran, wie er mit den scheinbar Unattraktiven umgeht. „Sag mir, wen du liebst", schrieb der französische Schriftsteller Houssaye, „und ich sag dir, wer du bist."

Romantische Filme

- *Harry und Sally* – mit Billy Crystal und Meg Ryan
- *E-Mail für dich* – mit Tom Hanks und Meg Ryan
- *Moulin Rouge* – mit Nicole Kidman und Ewan McGregor
- *Before Sunrise* – mit Ethan Hawke und Julie Delpy
- *Ein Chef zum Verlieben* – mit Hugh Grant und Sandra Bullock
- *Das Haus am See* – mit Keanu Reeves und Sandra Bullock
- *Romeo und Julia* – mit Leonardo DiCaprio und Claire Danes
- *Ein Offizier und Gentleman* – mit Richard Gere und Debra Winger
- *Vom Winde verweht* – mit Clark Gable und Vivien Leigh
- *Chocolat* – mit Johnny Depp und Juliette Binoche
- *Schlaflos in Seattle* – mit Tom Hanks und Meg Ryan
- *Bridget Jones – Schokolade zum Frühstück* – mit Hugh Grant und Renee Zellweger
- *Pretty Woman* – mit Richard Gere und Julia Roberts
- *Titanic* – mit Leonardo DiCaprio und Kate Winslet
- *Wie ein einziger Tag* – mit Rachel McAdams / Ryan Gosling und Gena Rowlands / James Garner

Steh auf, meine Freundin,

meine Schöne, so komm doch!

Denn vorbei ist der Winter,

verrauscht der Regen.

Auf der Flur erscheinen die Blumen;

die Zeit zum Singen ist da.

Die Stimme der Turteltaube

ist zu hören in unserem Land.

Am Feigenbaum reifen die ersten Früchte;

die blühenden Reben duften.

Steh auf, meine Freundin,

meine Schöne, so komm doch!

— HOHESLIED 2,10-13

Ich weiß, du schaffst es!

Ein paar der größten Erfolge der Geschichte kamen zustande durch ein Wort der Ermutigung oder den Vertrauensbeweis eines geliebten Menschen oder Freundes. Wäre da nicht Sophia gewesen, eine Ehefrau, die an die Fähigkeiten ihres Mannes glaubte, so hätten wir in die Liste berühmter Schriftsteller wohl nie den Namen Nathaniel Hawthorne (1804–1864) einreihen können. Als Nathaniel eines Tages niedergeschlagen nach Hause kam, weil er aus seiner Arbeit im Zollhaus in Salem entlassen worden war, überraschte sie ihn mit einem Freudenschrei.

„Jetzt", sagte sie triumphierend, „jetzt kannst du endlich dein Buch schreiben!"

„Natürlich", antwortete ihr Mann mutlos, „aber von was sollen wir leben, solange ich daran schreibe?"

Zu seinem Erstaunen zog seine Frau Sophia eine Schublade auf und entnahm ihr einen beträchtlichen Geldbetrag. „Wo um alles in der Welt hast du das her?", rief Nathaniel.

„Ich wusste schon immer, dass du ein Genie bist", erklärte sie ihm. „Mir war klar, dass du eines Tages ein Meisterwerk schreiben würdest. Also habe ich jede Woche von dem Haushaltsgeld, das du mir gegeben hast, ein wenig gespart. Das hier wird für ein gesamtes Jahr ausreichen."

Ihrer Treue und ihrem Vertrauen verdanken wir einen der großartigsten Romane amerikanischer Literatur: Der scharlachrote Buchstabe.

— Nido Qubein

Freie Liebe? Als könnte Liebe irgendetwas anderes sein als frei! Der Mensch kann kluge Köpfe kaufen, aber mit keinem Geld der Welt kann man die Liebe bezahlen. Der Mensch kann wohl Körper unterwerfen, doch keine Macht der Erde war in der Lage, Liebe zu erzwingen. Der Mensch hat ganze Nationen erobert, doch keine Armee der Welt konnte die Liebe gewinnen. Der Mensch hat den menschlichen Geist versklavt, Liebe jedoch lässt ihn vollkommen hilflos dastehen. Selbst auf dem Höhepunkt der Macht, im Glanz und der Pracht, die sein Gold ihm einbringt, ist der Mensch doch arm und verlassen, wenn die Liebe achtlos an ihm vorübergeht. Doch wenn sie bleibt, verströmt die ärmlichste Hütte ihre Wärme, ihr Leben, ihre Farbe. So hat die Liebe die wundersame Macht, aus einem Bettler einen König zu machen. Ja, die Liebe ist frei, nur in Freiheit fühlt sie sich zu Hause.

— EMMA GOLDMAN

Heiße Schokolade vor dem Kamin

Pro Person:

250 ml Milch

etwa vier Stücke deiner Lieblingsschokolade

ein paar Marshmallows (Mäusespeck)

Schokoladenraspel oder -streusel

Milch erhitzen und in einen großen Becher füllen.

Die Schokoladenstücke dazugeben und rühren, bis sie sich aufgelöst haben.

Obenauf kleine Stücke der Marshmallows legen und – sobald sie geschmolzen sind – mit den Schokoladenraspeln verzieren.

Wohl bekomm's!

Berühmte Persönlichkeiten
über die Liebe

Wo beginnt die Familie? Sie beginnt mit einem jungen Mann, der sich in eine junge Frau verliebt – eine bessere Variante ist bislang nicht gefunden worden.

– Sir Winston Churchill

Liebe ist eine Frucht, die zu jeder Jahreszeit verfügbar und für jede Hand erreichbar ist.

– Mutter Teresa

Wenn du geliebt werden möchtest, so liebe und sei liebenswert.

– Benjamin Franklin

Es jagt mir Angst ein, einem anderen rückhaltlos Einblick
in die Tiefe des eigenen Herzens zu geben und sich
verletzlich zu machen. Doch erst, als ich schon über 50
war, wurde mir bewusst, dass ich mich
dieser Angst stellen muss.

– JANE FONDA

Es scheint, von allen Dingen wüchse die Liebe am
schnellsten – doch sie wächst am langsamsten. Kein Mann
und keine Frau weiß, was vollkommene Liebe ist, bis sie
nicht ein Vierteljahrhundert lang verheiratet waren.

– MARK TWAIN

Hab ein Herz, das niemals hart wird, Geduld,
die nie ermüdet, und berühre, ohne zu verletzen.

– CHARLES DICKENS

Die Harmonie zwischen zwei Menschen ist niemals
gegeben. Sie muss immer wieder neu erobert werden.

– SIMONE DE BEAUVOIR

Die besten und schönsten Dinge dieser Welt können nicht gesehen oder gar berührt werden. Sie müssen mit dem Herzen erfahren werden.

– HELEN KELLER

Für die Welt bist du irgendjemand, aber für irgendjemand bist du die Welt.

– ERICH FRIED

Da Liebe in dir wächst, wächst auch Schönheit. Denn Liebe ist die Schönheit der Seele.

– ST. AUGUSTINUS

Liebe ist etwas Ewiges. Ihr Aussehen mag sich wandeln, nicht jedoch ihr Wesen.

– VINCENT VAN GOGH

Liebe besteht nicht darin, dass man einander anschaut,
sondern dass man gemeinsam in dieselbe Richtung blickt.

— ANTOINE DE SAINT-EXUPERY

Das einzig Wichtige im Leben sind die Spuren der Liebe,
die wir hinterlassen, wenn wir gehen.

— ALBERT SCHWEITZER

Schön ist eigentlich alles, was man mit Liebe betrachtet.

— CHRISTIAN MORGENSTERN

Liebe ist nicht das, was man erwartet zu bekommen,
sondern das, was man bereit ist zu geben.

— KATHARINE HEPBURN

Die Liebe trägt die Seele, wie die Füße den Leib tragen.

— KATHARINA VON SIENA

Ich weiß, wer sie ist ...

An einem betriebsamen Morgen, so gegen 8.30 Uhr, kam ein Herr jenseits der achtzig ins Krankenhaus, um eine Wunde an seinem Daumen versorgen zu lassen. Er sei in Eile, sagte er, da er um 9.00 Uhr eine Verabredung habe. Ich maß ihm Puls und Blutdruck und ließ ihn Platz nehmen. Mir war klar, dass er mindestens eine Stunde warten müsste, bis sich jemand um ihn kümmern könnte. Ich sah, wie er unruhig auf seine Armbanduhr schaute, und beschloss, die Naht an seinem Daumen zu untersuchen, da ich gerade keinen anderen Patienten zu behandeln hatte.

Sie war gut verheilt, also sprach ich einen der Ärzte an und bekam alles Nötige, um die Fäden zu ziehen und den Daumen neu zu verbinden. Während ich ihn so behandelte, fragte ich, ob er noch einen weiteren Arzttermin habe, da er in solcher Eile sei. Er erzählte mir, er müsse ins Pflegeheim, um dort mit seiner Frau zu frühstücken. Ich erkundigte mich nach ihrer Gesundheit, woraufhin er berichtete, sie sei schon eine ganze Weile dort und litte an Alzheimer. Ich fragte, ob sie sich Sorgen machen würde, wenn er sich verspätete. Darauf gab er mir zur Antwort, dass sie ihn schon seit fünf Jahren nicht mehr erkenne.

Ich war erstaunt und fragte: „Und trotzdem gehen Sie jeden Morgen dorthin? Obwohl sie gar nicht mehr weiß, wer Sie sind?" Er lächelte, tätschelte meine Hand und sagte: „Sie kennt mich nicht mehr, aber ich weiß noch immer, wer sie ist." Ich kämpfte mit den Tränen, als er ging, und dachte: Das ist die Art von Liebe, die ich auch erleben möchte.

15 x „Ich liebe dich"

💗 Sei stolz auf den geliebten Menschen – und zeig das auch.

💗 „Liebe geht durch den Magen" – nimm dir Zeit für ein schönes Essen zu zweit.

💗 Widme ihm oder ihr im Gespräch deine volle Aufmerksamkeit.

💗 Sprich respektvoll und stolz über deinen Partner, wenn ihr mit anderen zusammen seid.

💗 Schreib „Ich liebe dich" auf die Küchentafel, auf einen beschlagenen Spiegel, in den Sand am Strand, mit Straßenkreide auf euren Gehweg oder die Einfahrt ...

💗 Verstecke kleine Liebesnachrichten an Orten, wo man sie nicht vermutet: neben der Zahnbürste, in einer Schreibtischschublade ...

💗 Sag als erster „Es tut mir leid".

💗 Schreib „Ich liebe dich" auf einen ganzen Block Haftzettel und „tapeziere" damit seinen/ihren Schreibtisch, die Schlafzimmerwand, den Badspiegel, die Eingangstür oder die Windschutzscheibe am Auto.

💗 Erzählt euch gegenseitig von euren Erinnerungen an gemeinsam erlebte schöne Momente.

💗 Hör zu, ohne zu unterbrechen.

💗 Tanzt zu eurem Lieblingslied.

💗 Geht an den Ort eurer ersten Verabredung zurück.

💗 Schenke Blumen, einfach so.

💗 Schreib zwanzig Dinge auf, die du an ihm/ihr magst, und versteck den Zettel beim Abendessen unter dem Teller.

💗 Brenne eine CD mit Musik, die euch beiden gefällt, und hört sie auf gemeinsamen Fahrten.

*W*enn ich in allen Sprachen der Welt,

ja mit Engelszungen reden kann,

aber ich habe keine Liebe,

so bin ich nur wie eine dröhnende Pauke

oder ein lärmendes Tamburin.

Selbst wenn ich all meinen Besitz an die Armen

verschenken und für meinen Glauben das Leben opfere,

aber ich habe keine Liebe,

dann nützt es mir gar nichts.

Liebe ist geduldig und freundlich.

Sie ist nicht verbissen, sie prahlt nicht und schaut nicht auf

andere herab. Liebe verletzt nicht den Anstand und sucht

nicht den eigenen Vorteil,

sie lässt sich nicht reizen und ist nicht nachtragend.

Sie freut sich nicht am Unrecht,

sondern freut sich, wenn die Wahrheit siegt.

Liebe ist immer bereit zu verzeihen, stets vertraut sie,

sie verliert nie die Hoffnung

und hält durch bis zum Ende.

AUS 1. KORINTHER 13

Licht der Liebe

Die Leute im Bus sahen mitfühlend zu, wie die attraktive junge Frau mit dem weißen Stock die paar Stufen zum Fahrer hinaufstieg. Sie bezahlte und tastete sich dann im Gang die Sitzreihen entlang bis zu einem freien Platz. Sie setzte sich, legte sich ihre Handtasche auf den Schoß und lehnte ihren Stock gegen den Sitz.

Ein Jahr war es nun her, dass Susan – sie war inzwischen 34 – blind geworden war. Aufgrund einer ärztlichen Fehldiagnose hatte sie ihr Augenlicht verloren und sich plötzlich in einer Welt der Dunkelheit, des Zorns, der Verzweiflung und des Selbstmitleides wiedergefunden. Das Einzige, woran sie sich noch festhalten konnte, war ihr Mann Mark.

Mark war Offizier bei der Air Force und liebte Susan von ganzem Herzen. Kurz nach dem Verlust ihres Sehvermögens musste er mit ansehen, wie sie in Hoffnungslosigkeit versank. Er war fest entschlossen, seiner Frau dabei zu helfen, genügend Kraft und Selbstvertrauen zu gewinnen, um wieder selbstständig zu werden.

Der Tag kam, am dem sich Susan wieder in der Lage fühlte, an ihren Arbeitsplatz zurückzukehren – aber wie sollte sie dorthin kommen? Bislang war sie mit dem Bus gefahren, hatte jetzt aber zu viel Angst davor, sich alleine in der Stadt zurechtzufinden. Mark erklärte sich gerne bereit, sie jeden Morgen zur

Arbeit zu fahren, obwohl ihre Arbeitsstellen an entgegengesetzten Enden der Stadt lagen. Zunächst war das für Susan sehr tröstlich und kam auch Marks Bedürfnis entgegen, seine blinde Frau zu beschützen, die mit einem Mal in den kleinsten Alltagsverrichtungen so unsicher geworden war.

Schon bald allerdings wurde Mark klar, dass das so nicht lange funktionierte. Susan musste wieder anfangen, den Bus zu nehmen. Aber sie schien noch immer so verwundbar, so zornig – wie würde sie darauf reagieren? Genau wie er es erwartet hatte, war Susan zunächst schockiert von der Vorstellung, wieder Bus zu fahren.

„Ich bin blind!", entgegnete sie bitter. „Woher soll ich denn wissen, wo ich lande? Ich fühl mich ganz schön von dir im Stich gelassen."

Es zerriss Mark das Herz, so etwas gesagt zu bekommen, aber er wusste, was zu tun war. Er versprach Susan, jeden Morgen und jeden Nachmittag mit ihr gemeinsam Bus zu fahren, bis sie so weit war, dass sie es sich selbst zutrauen würde. Und genau so machten sie es. Zwei Wochen lang begleitete Mark in voller Uniform seine Susan zur Arbeit und zurück.

Er brachte ihr bei, sich auf ihre anderen Sinne, speziell ihr Gehör, zu verlassen. So konnte sie feststellen, wo sie sich befand und wie sie sich in ihrer neuen Umgebung verhalten musste. Er half ihr dabei, sich mit den Busfahrern bekannt zu machen, sodass diese nach ihr Ausschau halten und ihr einen Platz reservieren konnten.

Schließlich war Susan so weit, zum ersten Mal alleine zu fahren. Der Montagmorgen kam. Bevor sie das Haus verließ, warf sie Mark die Arme um den Hals – ihrem vorübergehenden Mitbusfahrer, Ehemann und bestem Freund. Ihre Augen füllten sich mit Tränen der Dankbarkeit für seine Loyalität, Geduld und Liebe. Sie verabschiedete sich, und zum ersten Mal seit langem gingen sie getrennte Arbeitswege. Montag, Dienstag, Mittwoch, Donnerstag ... an jedem einzelnen Tag schaffte sie es problemlos alleine! Susan fühlte sich großartig. Sie würde wieder ganz selbstständig arbeiten können.

Am Freitagmorgen nahm Susan wie gewöhnlich den Bus zur Arbeit. Als sie bezahlte, meinte der Busfahrer: „Menschenskind, Sie sind echt zu beneiden." Susan war sich nicht ganz sicher, ob der Busfahrer mit ihr oder jemand anderem sprach. Denn schließlich – wer würde eine blinde Frau beneiden, die das vergangene Jahr damit zugebracht hatte, wieder Lebensmut zu fassen? Neugierig fragte sie den Busfahrer: „Warum meinen Sie, ich sei zu beneiden?"

Der Busfahrer antwortete: „Muss doch ein schönes Gefühl sein, sich so umsorgt und beschützt zu wissen wie Sie."

Susan verstand nicht, wovon der Fahrer sprach, und fragte noch einmal nach: „Was meinen Sie denn?"

Er antwortete: „Na, jeden Morgen während der vergangenen Woche stand ein gut aussehender Herr in Militäruniform an der Straßenecke dort und beobachtete, wie Sie aus dem Bus stiegen. Er gibt acht, dass Sie sicher über die Straße kommen und wartet, bis Sie in Ihrem Bürogebäude verschwinden.

Dann wirft er Ihnen eine Kusshand zu, salutiert und geht. Sie sind wirklich ein Glückskind."

Ich bin mir meiner Seele in deiner nur bewusst,

mein Herz kann nimmer ruhen als nur an deiner Brust!

Mein Herz kann nimmer schlagen als nur für dich allein.

Ich bin so ganz dein eigen, so ganz auf immer dein.

– THEODOR STORM, 1817–1888

Schokoladenmousse zum Hochzeitstag

4 Eier
100 ml Sahne
200 g Zartbitter- oder Milchschokolade
Likör oder Backaroma (z. B. Vanille)
Schlagsahne und Schokoladenraspel zum Verzieren

Eier trennen.
Eiweiß steif schlagen.
Sahne ebenfalls steif schlagen.
Schokolade langsam im Wasserbad schmelzen lassen.
Eigelb, Eischnee und Sahne vorsichtig unterheben.
Likör oder Aroma zugeben.
In eine Schüssel oder einzelne Espressotässchen geben und im Kühlschrank fest werden lassen.
Mit Schlagsahne und Schokoladenraspeln dekorieren.

Weise Worte

Lass die Liebe in deinem Herzen wurzeln, und es kann nur
Gutes daraus hervorgehen.

– ST. AGUSTINUS

Ich habe dich geheiratet,
um dich in Gott und nach dem
Bedürfnis meines Herzens zu lieben,
und um in der fremden Welt
einen Ort für mein Herz zu haben.

– OTTO VON BISMARCK

Es soll das Eheweib dafür sorgen, dass der Mann ihr gern
nach Hause kommt, und der Mann dafür, dass sein Weib
ihn nur ungern gehen lässet.

– MARTIN LUTHER

Willst du geliebt werden, sei liebenswert.

– OVID

Liebe ist nicht blind – sie sieht mehr, nicht weniger. Aber gerade weil sie mehr sieht, ist sie bereit, weniger zu sehen.

– RABBI JULIUS GORDON

Liebe ist niemals endendes Vergeben, ein zärtlicher Blick, der zur Lebenseinstellung wird.

– PETER USTINOV

Es gibt nichts Schöneres, als geliebt zu werden, geliebt um seiner selbst willen oder vielmehr trotz seiner selbst.

– VICTOR HUGO

Erkennt der Mensch aber die Freude, die ihm von einem anderen entgegenkommt, dann empfindet er in seinem Herzen ein großes Entzücken. Denn dann erinnert sich die Seele, wie sie von Gott geschaffen ist.

– HILDEGARD VON BINGEN

Die oberste Pflicht der Liebe ist es, zuzuhören.

– PAUL TILLICH

Mein Lieblingsstück

Ein Ehepaar hatte gerade mit einer großen Feier seine goldene Hochzeit begangen. Sie wurden mit Geschenken und Glückwünschen überhäuft, bevor sie in ihr Auto stiegen und wieder nach Hause fuhren.

Als sie dort ankamen, ging die Frau in die Küche. Nach alter Gewohnheit kochte sie Tee und holte einen frischen Laib Brot hervor. Seit Jahren schon hatte sie jeden Tag einen gebacken. Sie schnitt das knusprige erste Stück ab, röstete es leicht an, strich für ihren Mann Butter darauf und schnitt für sich selbst eine weitere Scheibe ab. Dann reichte sie ihrem Mann das warme Brot.

Dieser Mann, der seit 50 Jahren verheiratet war, liebte seine Frau aus tiefstem Herzen, aber der anstrengende Tag forderte seinen Tribut. Er sagte gereizt und ungehalten:

„Mein Schatz, ich liebe dich. Das weißt du. Aber jetzt reicht es mir! Seit so vielen Jahren hast du uns täglich ein Brot gebacken. Aber immer gibst du mir den Anschnitt. Immerzu muss ich die Kruste essen. Mir reicht es. Ich will keine Kruste mehr!"

Seine Frau sah ihn an und kämpfte mit den Tränen. „Aber Schatz, das ist mein Lieblingsstück."

– AUTOR UNBEKANNT

Bewegende Liebesgeschichten

- ❤ *Love Story* von Erich Segal

- ❤ *Sturmhöhe* von Emily Bronte

- ❤ *Die Liebe in den Zeiten der Cholera* von Gabriel Garcia Marquez

- ❤ *Romeo und Julia* von William Shakespeare

- ❤ *Vom Winde verweht* von Margaret Mitchell

- ❤ *Das Hohelied der Liebe* aus der Bibel

- ❤ *Brautbriefe Zelle 92:* Dietrich Bonhoeffer – Maria von Wedemeyer 1943–1945

- ❤ *Jenseits von Afrika* von Tania Blixen

- ❤ *Das Leuchten der Stille* von Nicholas Sparks

- ❤ *Stolz und Vorurteil* von Jane Austen

- ❤ *Die Frau des Zeitreisenden* von Audrey Niffenegger

Lass mich deinem Herzen nahe sein,

so wie der Siegelring auf deiner Brust.

Ich möchte einzigartig für dich bleiben,

so wie der Siegelreif um deinen Arm.

Unüberwindlich wie der Tod, so ist die Liebe,

und ihre Leidenschaft so unentrinnbar

wie das Totenreich!

Wen die Liebe erfasst hat,

der kennt ihr Feuer:

Sie ist eine Flamme Gottes!

Mächtige Fluten können sie nicht auslöschen,

gewaltige Ströme sie nicht fortreißen.

HOHESLIED 8,6-7

Noch immer schön

Der Chirurg Richard Selzer berichtet in einem seiner Bücher davon, wie er eines Abends in das Zimmer einer jungen Patientin kam, die gerade eine Gesichtsoperation hinter sich hatte. Aufgrund einer Lähmung war ihr Mund verzogen. Fast wie bei einem Clown. Sie hatte einen Tumor in der Wange gehabt, und um diesen zu entfernen, hatte Selzer ein winziges Stückchen des Gesichtsnerves durchtrennen müssen – dasjenige, das die Muskeln um ihren Mund versorgte. Ihr Mund würde nun für den Rest ihres Lebens so seltsam verzogen bleiben. Mit ihr im Zimmer war ein junger Mann, der bei ihr am Bett stand. Dieses Pärchen schien ihn gar nicht zu bemerken, so beschäftigt waren sie miteinander. „Wer sind die beiden?", fragte sich Selzer. „Er und dieser kleine schiefe Mund, den ich geschaffen habe, die sich da anblicken und sich berühren – herzlich und voller Sehnsucht?"

„Wird das mit meinem Mund so bleiben?", fragte die junge Patientin und sah in seine Richtung.

„Ja. Das wird es. Der Nerv wurde durchtrennt", erklärte Selzer.

Sie nickte und schwieg.

Aber der junge Mann lächelte. „Mir gefällt's", sagte er. „Ist doch irgendwie süß."

Und plötzlich wusste Selzer, wer dieser Mann war. Er verstand und senkte den Blick. Der junge Ehemann kümmerte sich nicht um die Anwesenheit des Chirurgen, beugte sich zu seiner Frau und küsste sie auf ihren verzerrten Mund. Selzer stand nahe genug, um zu sehen, wie er seine Lippen so formte, dass sie zu den ihren passten – er zeigte ihr so, dass das Küssen noch immer funktionierte.

Ich liebe dich dafür, dass du frierst,
wenn es draußen über 20 Grad sind.
Ich liebe dich dafür, dass du eineinhalb Stunden
brauchst, um dir ein Sandwich zu bestellen.
Ich liebe dich dafür, dass du ein Fältchen
über der Nase bekommst, wenn du mich ansiehst,
als sei ich verrückt geworden.
Ich liebe dich dafür, dass ich nach einem Tag mit dir
dein Parfüm an all meinen Kleidern rieche.
Und ich liebe dich dafür, dass du diejenige bist,
mit der ich sprechen möchte, bevor ich schlafen gehe.

Und das alles nicht, weil ich einsam bin,
oder weil heute Silvester ist.
Ich bin heute aus einem anderen Grund hier:
Wenn du merkst, dass du den Rest deines Lebens
mit jemand Besonderem verbringen möchtest,
dann willst du, dass dieser Rest
so schnell wie möglich beginnt.

Aus dem Film *Harry und Sally*

Festlich-pfiffiges Kirsch-Schoko-Dessert

1 Schokoladenrührkuchen (Fertigprodukt)
1 Glas Schattenmorellen
Kirschlikör (falls gewünscht)
Kirsch- oder Erdbeermarmelade
1 Becher Schokoladenpudding
250 ml Schlagsahne, nach Geschmack gesüßt
Schokoladenraspeln und kandierte Kirschen zum Verzieren

Den Kuchen in Scheiben schneiden.
Die Schattenmorellen abgießen und mit dem Saft – evtl. mit
etwas Likör vermengt – die Kuchenscheiben tränken.
Jetzt abwechselnd Kuchen, Schattenmorellen, Marmelade und
Schokoladenpudding in eine Schüssel schichten.
Den Abschluss bildet die geschlagene Sahne.
Mit kandierten Kirschen und Schokoladenraspeln verzieren.

Gedanken
über die Liebe

Liebe bedeutet vor allem anderen, sich selbst zu schenken.

– JEAN ANOUILH

Liebe ist Hingebung. Hingebung aber ist nur möglich,
wenn man aus sich selber herausgeht.

– SØREN KIERKEGAARD

Wenn es zwei Menschen gelingt, die Weite in sich zu lieben,
so gibt es ihnen die Möglichkeit, einander immer in ganzer
Gestalt und vor einem großen Himmel zu sehen.

– RAINER MARIA RILKE

Du kannst die Liebe nicht berühren.
Du fühlst aber ihre Süße, die auf alles tropft.

– ANNE SULLIVAN

Gottes Liebe sucht nicht das Liebenswerte,
sondern sie schafft es.

– Martin Luther

Die Vernunft ist gut, aber besser ist die Liebe,
die uns der Vernunft entreißt.
Es kommt nicht darauf an, viel zu denken,
sondern viel zu lieben.

– Teresa von Avila

Von der Tiefe bis hoch zu den Sternen
durchflutet Liebe das All.

– Hildegard von Bingen

Ohne Liebe fallen wir uns selbst zur Last,
durch die Liebe tragen wir einander.

– St. Augustinus

SHMILY

Über ein halbes Jahrhundert waren meine Großeltern schon verheiratet. Seit sie sich kennengelernt hatten, spielten sie nun schon ihr ganz eigenes Spiel miteinander. Ziel davon war es, das Wort „SHMILY" aufzuschreiben und für den anderen an einem völlig unerwarteten Platz zu hinterlegen. Sie wechselten sich ab, „SHMILY" irgendwo im Haus zu verstecken – und sobald der eine es gefunden hatte, war er nun selbst an der Reihe, es für den anderen zu verstecken.

Sie schrieben mit dem Finger „SHMILY" in die Zucker-büchse oder den Mehltopf, gespannt darauf, wer wohl die nächste Mahlzeit zubereiten würde. Sie schrieben es auf die tau-benetzte Fensterscheibe zur Veranda hin, wo meine Groß-mutter uns mit warmem, selbstgemachtem und mit blauer Lebensmittelfarbe eingefärbtem Pudding verwöhnte. „SHMI-LY" fand sich auf dem beschlagenen Badezimmerspiegel, wo es nach jeder heißen Dusche wieder erschien. Einmal rollte meine Großmutter sogar eine gesamte Klopapierrolle ab und wieder auf, nur um auf dem allerletzten Blatt Toilettenpapier das Wort „SHMILY" zu hinterlassen. An allen möglichen und unmöglichen Stellen tauchte „SHMILY" auf. Zettelchen, auf die das Wort in aller Eile gekritzelt worden war, fanden sich auf Armaturenbrett, Autositz oder Lenkrad, in den Schuhen oder unter Kissen. „SHMILY" stand im Staub auf dem Kaminsims und in der Asche der Feuerstelle. Dieses mysteriöse Wort gehörte ins Haus meiner Großeltern ebenso wie ihre Möbelstücke.

Es hat lange gedauert, bis ich in diesem scheinbar sinnlosen Spiel meiner Großeltern einen Wert entdecken konnte. Ich bin zu skeptisch, um an wahre Liebe zu glauben – an Liebe, die echt und ausdauernd ist. Die Beziehung meiner Großeltern allerdings stellte ich nie in Frage. Sie hatten viel mehr als nur ihr neckisches Spielchen – Liebe war ihre Lebenseinstellung. Ihre Beziehung beruhte auf Hingabe und inniger Zuneigung. Nicht viele haben das Glück, so etwas zu erleben.

Oma und Opa hielten bei jeder sich bietenden Gelegenheit Händchen. Wann immer sie sich in ihrer winzigen Küche in die Quere kamen, gab es einen Kuss. Sie führten manchmal die Sätze des anderen zu Ende und lösten miteinander das tägliche Kreuzworträtsel. Verstohlen erzählte mir meine Großmutter, wie schnuckelig mein Großvater doch sei und wie gutaussehend er in seinem Alter noch war. Vor jeder Mahlzeit neigten sie die Köpfe, um ein Tischgebet zu sprechen, wobei sie jedes Mal dafür dankten, wie gesegnet sie waren – mit einer wunderbaren Familie, mit Glück und miteinander.

Und doch hing über dem Leben meiner Großeltern eine dunkle Wolke: Meine Großmutter hatte Brustkrebs. Vor zehn Jahren war er entdeckt worden. Wie immer hatte mein Opa sie auf Schritt und Tritt begleitet. Er hatte ihr ein Zimmer gelb gestrichen, damit sie immer Sonnenschein haben konnte, auch wenn sie zu schwach war, um draußen einen Spaziergang zu machen.

Jetzt schlug der Krebs wieder zu. Mit Hilfe eines Gehstockes und am Arm meines Großvaters ging meine Großmutter jeden Morgen zur Kirche. Doch ihr ging es von Tag zu Tag schlechter, bis sie schließlich nicht mehr das Haus verlassen konnte. Eine Zeitlang ging Großvater noch alleine zur Kirche und betete darum, dass Gott seine Frau behüten möge. Eines Tages dann geschah das, wovor uns allen gegraut hatte. Oma starb.

„SHMILY". In gelben Buchstaben stand es auf dem rosafarbenen Band des Gesteckes auf dem Sarg meiner Großmutter. Als die Menge sich verlief und auch die letzten Trauernden sich zum Gehen wandten, versammelten sich meine Tanten, Onkel, Cousinen und andere Familienmitglieder ein letztes Mal um Großmutter. Großvater trat an den Sarg, holte zitternd Luft und fing an, für sie zu singen. Durch seine Tränen und seinen Schmerz hindurch erklang ein Wiegenlied. Obwohl ich mit meinem eigenen Schmerz zu kämpfen hatte, werde ich doch diesen Augenblick nicht vergessen. Denn ich wusste, dass ich das Vorrecht hatte, Zeuge einer Liebe von unvergleichlicher Schönheit geworden zu sein.

S-H-M-I-L-Y: See how much I love you (Siehst Du, so lieb habe ich Dich).

– Laura Jeanne Allen

Blumen für deine Lieben ...
und was sie bedeuten

❦ Rose – Ich liebe dich

❦ Gänseblümchen – Unschuld, Zufriedenheit, Reinheit

❦ Tulpe – Treue und Zuhause

❦ Lilie – Sanftmut und Bescheidenheit

❦ Orchidee – Bewunderung und Leidenschaft

❦ Nelke – Ich habe Sehnsucht

❦ Flieder – Das erste Erwachen der Liebe

❦ Feldblumen – Kapriziöse, impulsive Liebe

❦ Iris – Glaube und Hoffnung

❦ Sonnenblume – Bewunderung und Stolz

Während er sich noch mit ihnen unterhielt, war Rahel mit der Herde, die ihrem Vater gehörte, eingetroffen; denn sie war Hirtin. Als Jakob Rahel, die Tochter Labans, des Bruders seiner Mutter, und dessen Herde sah, trat er hinzu, schob den Stein von der Brunnenöffnung und tränkte das Vieh Labans, des Bruders seiner Mutter. (…)

Als Laban von Jakob, dem Sohn seiner Schwester, hörte, lief er ihm entgegen; er umarmte und küsste ihn und führte ihn in sein Haus. (…)

Als Jakob etwa einen Monat bei ihm geblieben war, sagte Laban zu ihm: Sollst du mir umsonst dienen, weil du mein Bruder bist? Sag mir, welchen Lohn du haben willst. Laban hatte zwei Töchter; die ältere hieß Lea, die jüngere Rahel. Die Augen Leas waren matt, Rahel aber war schön von Gestalt und hatte ein schönes Gesicht. Jakob hatte Rahel lieb und so sagte er: Ich will dir um die jüngere Tochter Rahel sieben Jahre dienen. (…)

Jakob diente also um Rahel sieben Jahre. Weil er sie liebte, kamen sie ihm wie wenige Tage vor.

– AUS 1. MOSE 29

Ein Brief
im Portemonnaie

Es war an einem klirrend kalten Tag vor ein paar Jahren, als ich auf der Straße über ein Portemonnaie stolperte. Hinweise auf den Besitzer fanden sich darin nicht. Bloß drei Dollar und ein verknitterter Brief, der so aussah, als sei er schon seit Jahren mit herumgeschleppt worden.

Das Einzige, was man auf dem zerrissenen Umschlag noch lesen konnte, war die Adresse des Absenders. Ich öffnete den Brief und stellte fest, dass er bereits 1944 geschrieben worden war. Ich las ihn sorgfältig durch in der Hoffnung, irgendeinen Hinweis auf die Identität des Portemonnaie-Besitzers zu finden.

Die Schreiberin erklärte dem Empfänger, einem gewissen Michael, in zarter Handschrift, dass ihre Mutter ihr verboten habe, sich weiterhin mit ihm zu treffen. Nichtsdestotrotz werde sie ihn immer lieben. Unterschrieben war der Brief mit Hannah.

Ein schöner Brief war es. Aber außer dem Namen Michael gab es keine weiteren Hinweise auf den Besitzer. Vielleicht könnte ich ja über die Auskunft die Telefonnummer der Absenderadresse auf dem Umschlag herausfinden.

„Entschuldigen Sie, ich habe eine etwas ungewöhnliche Bitte. Ich versuche, den Besitzer eines Portemonnaies ausfindig zu machen, das ich gefunden habe. Könnten Sie mir wohl die Telefonnummer zum Absender des Briefes geben, der im Portemonnaie steckte?" Die Dame verband mich mit ihrer

Vorgesetzten, die mir mitteilte, es sei zwar eine Nummer zu der entsprechenden Adresse vorhanden, geben dürfe sie sie mir allerdings nicht. Sie würde aber dort anrufen und die Situation darlegen. Sollte die Person am anderen Ende mit mir sprechen wollen, würde sie mich verbinden. Ich wartete etwa eine Minute lang, dann hatte ich sie wieder in der Leitung. „Da ist eine Dame, die mit Ihnen sprechen möchte."

Ich fragte die Frau, ob sie eine Hannah kenne.

„Na, aber sicher! Vor dreißig Jahren haben wir dieses Haus von Hannahs Familie gekauft."

„Wissen Sie vielleicht, wo sie jetzt wohnt?", fragte ich.

„Nein. Aber Hannah musste ihre Mutter schon vor Jahren in ein Pflegeheim geben. Vielleicht könnte das Personal dort Ihnen helfen, die Tochter ausfindig zu machen."

Die Dame nannte mir den Namen des Pflegeheims. Ich rief dort an und erfuhr, dass Hannahs Mutter gestorben war. Die Frau, mit der ich sprach, gab mir eine Adresse, unter der ich Hannah wahrscheinlich erreichen könnte. Ich rief an. Die Frau, die den Anruf entgegennahm, erklärte mir, dass Hannah inzwischen selbst in einem Pflegeheim lebe. Sie gab mir die Nummer. Ich rief an und erhielt die Auskunft „Ja, Hannah wohnt bei uns." Ich fragte, ob ich wohl kurz vorbeikommen und sie besuchen könnte. Es war fast zehn Uhr abends. Der Heimleiter gab zu bedenken, dass Hannah bereits schlafen könnte. „Aber wenn Sie′s drauf ankommen lassen wollen – vielleicht ist sie ja noch im Aufenthaltsraum und sieht fern." Der Heimleiter und jemand vom Personal begrüßten mich an der Tür des Pflegeheims. Wir gingen in den dritten Stock und trafen dort die Schwester, die uns sagte, Hannah sehe tatsächlich noch fern.

Wir betraten den Aufenthaltsraum. Hannah war eine liebenswerte, silberhaarige Dame mit einem warmen Lächeln und freundlichen Augen. Ich erzählte, wie ich das Portemonnaie gefunden hatte, und zeigte ihr den Brief. Als sie ihn sah, holte sie tief Luft. „Junger Mann", sagte sie, „dieser Brief war der letzte Kontakt, den ich mit Michael hatte." Sie sah einen Moment lang zur Seite und sagte dann nachdenklich: „Ich habe ihn sehr geliebt. Aber ich war erst sechzehn, und meine Mutter meinte, ich sei noch zu jung. Er sah ja so gut aus. Wie Sean Connery, der Schauspieler."

Wir lachten beide. Der Heimleiter ließ uns allein. „Ja, Michael Goldstein war sein Name. Sollten Sie ihn finden, richten Sie ihm aus, dass ich noch immer oft an ihn denke. Ich habe nie geheiratet", sagte sie mit einem Lächeln, das gegen die Tränen in ihren Augen kaum ankam. „Ich schätze, mit Michael hat es nie jemand aufnehmen können …"

Ich bedankte mich bei Hannah, verabschiedete mich und fuhr mit dem Fahrstuhl ins Erdgeschoss. Als ich an der Tür stand, fragte mich der Mitarbeiter: „Konnte Ihnen die alte Dame weiterhelfen?"

Ich antwortete, sie habe mir einen Hinweis gegeben. „Wenigstens kenne ich jetzt den Nachnamen. Aber ich werde die Sache wohl erst einmal nicht weiterverfolgen." Ich erzählte, dass ich fast den ganzen Tag damit verbracht hatte, den Besitzer des Portemonnaies ausfindig zu machen. Während ich redete, zog ich das braune, lederne Portemonnaie mit den roten Ziernähten hervor und zeigte es dem Mitarbeiter. Er besah es sich genauer und sagte dann: „Hey, das kenne ich doch irgendwoher. Das gehört Mr. Goldstein. Andauernd verliert er es. Ich hab's schon dreimal im Flur gefunden."

„Wer ist Mr. Goldstein?", fragte ich. „Er ist einer unserer Senioren im achten Stock. Das ist das Portemonnaie von Mike Goldstein, kein Zweifel. Er geht ziemlich oft spazieren."

Ich bedankte mich und rannte zurück ins Büro des Heimleiters, um ihm zu erzählen, was sein Mitarbeiter mir gesagt hatte. Er begleitete mich in den achten Stock. Ich betete darum, dass Mr. Goldstein noch wach sei.

„Ich glaube, er ist noch im Aufenthaltsraum", sagte die Schwester. „Er liest abends noch so gerne ... ein liebenswerter alter Herr."

Wir gingen zu dem einzigen Raum, in dem noch Licht brannte. Da saß ein Mann und las in einem Buch. Der Heimleiter fragte ihn, ob er sein Portemonnaie vermisse. Michael Goldstein sah auf, fasste sich an die hintere Hosentasche und sagte dann: „Du meine Güte, es ist nicht da."

„Dieser freundliche Herr hier hat ein Portemonnaie gefunden. Könnte es Ihres sein?"

Sobald er es sah, lächelte er voller Erleichterung. „Ja", sagte er, „das ist es. Ich muss es wohl heute Nachmittag verloren haben. Ich würde Ihnen gerne einen Finderlohn geben."

„Oh, nein danke", sagte ich. „Aber ich muss Ihnen gestehen, dass ich den Brief gelesen habe in der Hoffnung, so den Besitzer ausfindig zu machen."

Das Lächeln verschwand aus seinem Gesicht. „Sie haben den Brief gelesen?"

„Ich habe nicht nur den Brief gelesen, ich glaube sogar zu wissen, wo Hannah ist."

Er wurde ganz bleich. „Hannah? Sie wissen, wo sie ist? Wie geht es ihr? Ist sie immer noch so hübsch wie damals?" Ich zögerte.

„Sagen Sie schon", bat mich Michael drängend.

„Es geht ihr gut, und sie ist genauso hübsch wie damals."

„Könnten Sie mir sagen, wo sie ist? Ich würde sie morgen gerne anrufen."

Er griff nach meiner Hand und sagte: „Wissen Sie was? Als

ich diesen Brief bekam, hörte mein Leben auf. Ich habe nie geheiratet. Ich habe sie wohl immer geliebt."

„Michael", sagte ich, „kommen Sie mal mit." Zu dritt nahmen wir den Fahrstuhl in den dritten Stock und gingen dort in den Aufenthaltsraum, wo Hannah immer noch vor dem Fernseher saß. Der Heimleiter ging zu ihr. „Hannah", sagte er leise, „kennen Sie diesen Mann?" Michael und ich standen wartend in der Tür. Sie rückte ihre Brille zurecht, sah einen Moment zu uns herüber, sagte aber nichts.

„Hannah, das ist Michael. Michael Goldstein. Erinnern Sie sich?"

„Michael? Michael? Du bist es tatsächlich!"

Langsam ging er zu ihr hinüber. Sie stand auf. Sie umarmten sich. Dann setzten sich die beiden auf ein Sofa, hielten sich an den Händen und fingen an zu reden. Der Heimleiter und ich gingen hinaus. Alle beide hatten wir Tränen in den Augen.

„Sehen Sie, wie unser guter Herr wirkt", sagte ich nachdenklich. „Wenn es sein soll, dann geschieht es auch." Drei Wochen später rief mich der Heimleiter an und fragte: „Können Sie sich am Sonntag Zeit nehmen, um bei einer Hochzeit dabei zu sein?" Er wartete meine Antwort nicht ab. „Jawohl, Michael und Hannah heiraten endlich!"

Es war eine wunderschöne Hochzeit. Alle Heimbewohner nahmen an der Feier teil. Hannah trug ein beigefarbenes Kleid und sah hinreißend aus. Michael kam im dunkelblauen Anzug und stand aufrecht da. Das Heim stellte der 76-jährigen Braut und dem 78-jährigen Bräutigam, die sich wie frischverliebte Teenager aufführten, ein gemeinsames Zimmer zur Verfügung.

Ein Happy End für eine Liebesgeschichte, die vor 60 Jahren begonnen hatte.

Wie ich dich liebe?

Wie ich dich liebe? Lass mich zählen wie.

Ich liebe dich so tief, so hoch, so weit,

als meine Seele blindlings reicht, wenn sie

ihr Dasein abfühlt und die Ewigkeit.

Ich liebe dich bis zu dem stillsten Stand,

den jeder Tag erreicht im Lampenschein

oder in Sonne. Frei, im Recht, und rein

wie jene, die vom Ruhm sich abgewandt.

Mit aller Leidenschaft der Leidenszeit

und mit der Kindheit Kraft, die fort war, seit

ich meine Heiligen nicht mehr geliebt.

Mit allem Lächeln, aller Tränennot

und allem Atem. Und wenn Gott es gibt,

will ich dich besser lieben nach dem Tod.

– ELIZABETH BARRET BROWNING
(Aus dem Englischen von Rainer Maria Rilke)

Schokoladenfondue

für zwei

200 g Zartbitterschokolade (oder 100 g Vollmilch- und 100 g Zartbitterschokolade)
100 ml Sahne
2 TL Frangelico oder Amaretto (je nach Geschmack) oder Vanillearoma

Zum Eintauchen:
Erdbeeren, Bananenscheiben, getrocknete Aprikosen, kandierter Ingwer, Apfel-, Ananas- und Orangenstücke, Kekse, Löffelbisquits, Marshmallows ...

Schokolade in der Sahne im Wasserbad schmelzen und erhitzen (nicht kochen!).
Die Mischung in einen Fonduetopf geben und dort mit dem Likör oder dem Vanillearoma verrühren. Auf kleiner Flamme warm halten.
Obst, Kekse und Marshmallows auf einer Platte oder einzelnen Tellern anrichten. (Bananen, Äpfel und Birnen mit Zitronensaft beträufeln, damit sie nicht braun werden.)
Die Stücke mit Fonduegabeln oder Bambusspießchen in die heiße Schokoladenmischung eintauchen. Sofort essen.
(Sollte die Schokoladenmasse im Topf zu fest werden, einfach etwas Sahne zugeben und gut unterrühren.)

Liebe in der Weisheit der Völker

Ein Leben ohne Liebe ist wie ein Jahr ohne Sommer.

– LITAUISCHES SPRICHWORT

Wo man Liebe sät, da wächst Freude.

– DEUTSCHES SPRICHWORT

Sag mir, wen du liebst, und ich sage dir, wer du bist.

– KREOLISCHES SPRICHWORT

Eine tüchtige Frau, wer findet sie?
Sie übertrifft alle Perlen an Wert.

– SPRÜCHE 31,10

Ein liebendes Herz ist immer jung.

Die ersten Liebesbriefe schreibt man mit den Augen.

— FRANZÖSISCHES SPRICHWORT

Wenn man verliebt ist, wird ein Felsen zur grünen Aue.

— ÄTHIOPISCHES SPRICHWORT

Die Liebe weilt in bescheidenen Hütten ebenso wie am fürstlichen Hof.

— ENGLISCHES SPRICHWORT

Willst du jemanden wahrhaftig lieben, dann musst du ihn so lieben, als würde er morgen sterben.

— ARABISCHES SPRICHWORT

Liebe ist wie ein Glas, das zerbricht, wenn man es zu unsicher oder zu fest fasst.

— RUSSISCHES SPRICHWORT

Liebesbrief eines Präsidenten

An Bord der Air Force One, 4. März 1983

Meine liebe First Lady,
eigentlich sollte ich heute Morgen Glückwunschkarten auf
Dein Frühstückstablett legen. Aber irgendwie ist alles anders
gekommen.

Dennoch ist heute der Tag, der für 31 glückliche Jahre steht,
wie sie nur wenigen Männern zuteil werden. Ich sagte dir
einmal, das Leben mit dir sei wie der Traum eines jungen
Mannes davon, wie Ehe sein sollte. Daran hat sich in all den
Jahren nichts geändert.

Du weißt ja, wie ich unsere Ranch liebe, aber in den vergangenen zwei Tagen ist mir klar geworden, dass ich sie nur
liebe, wenn du da bist. Wenn ich so darüber nachdenke, dann
trifft das eigentlich für alle Orte zu – und für jede Zeit. Wenn
du nicht da bist, bin ich nirgendwo, bin ich verloren in Raum
und Zeit.

Was ich für dich empfinde, ist mehr als Liebe – ohne dich
bin ich unvollständig. Für mich bist du das Leben selbst.
Wenn du nicht da bist, dann warte ich auf deine Rückkehr,
damit ich wieder anfangen kann zu leben.

Alles Gute zum Hochzeitstag und danke für 31 wundervolle
Jahre.

Ich liebe dich.

Dein dankbarer Ehemann

— Ein Brief von Ronald Reagan

Zehn klassische Liebeslieder

- ❤ *My Heart Will Go On* – Celine Dion

- ❤ *Wonderful Tonight* – Eric Clapton

- ❤ *Weil ich dich liebe* – Marius Müller Westernhagen

- ❤ *Lady in Red* – Chris de Burgh

- ❤ *Lovers live a little longer* – ABBA

- ❤ *Can you feel the love tonight?* – Elton John

- ❤ *You're Beautiful* – James Blunt

- ❤ *All I Want Is You* – U2

- ❤ *Total Eclipse of the Heart* – Bonnie Tyler

- ❤ *I Will Always Love You* – Whitney Houston

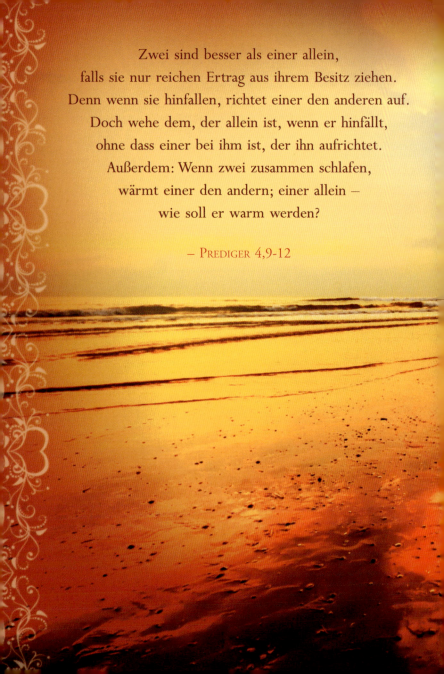

Zwei sind besser als einer allein,
falls sie nur reichen Ertrag aus ihrem Besitz ziehen.
Denn wenn sie hinfallen, richtet einer den anderen auf.
Doch wehe dem, der allein ist, wenn er hinfällt,
ohne dass einer bei ihm ist, der ihn aufrichtet.
Außerdem: Wenn zwei zusammen schlafen,
wärmt einer den andern; einer allein –
wie soll er warm werden?

– Prediger 4,9-12

Warten lohnt sich

Manche behaupten ja, ein Bild sage mehr als tausend Worte. Für den Mann, der ein bestimmtes Bild vor 43 Jahren sah, war das ganz bestimmt der Fall.

Als Moti aus Israel 17 Jahre alt war, stieß er auf das Foto einer Schönheitskönigin namens Ronit. Es nahm ihn sofort gefangen. „Das Bild zeigte sie kurz nach ihrer Wahl zur Miss Israel 1964", erzählt er. „Irgendetwas in ihren Augen warf mich einfach um. Ich spürte eine Verbindung zwischen ihr und mir."

Moti trug das Bild von Ronit zwar dauernd in seinem Herzen, lebte aber sein Leben und wurde Psychologe. „Eine Zeitlang war ich verheiratet", berichtet er. „Ich habe zwei prächtige Kinder aus dieser Ehe, aber irgendwie konnte ich Ronit nicht vergessen. Ich bin auch nicht verrückt, aber dennoch – gegen jede Vernunft – war Ronit ganz tief in meinem Herzen."

Nach vier Jahrzehnten, während derer er die Frau seiner Träume nie vergessen hatte, beschloss Moti, der Liebe auf die Sprünge zu helfen.

Im Jahr 2004 besorgte es sich Ronits Telefonnummer und tätigte einen Anruf, der ihrer beider Leben dauerhaft veränderte. „Ich hörte von einem Mann, der mich anrufen wollte, weil er seit langen Jahren in mich verliebt sei", erzählt Ronit. „Ich bin Romantikerin, also wollte ich der Sache eine Chance geben und sehen, was dabei herauskommt."

Was sagt man zu jemandem, den man über Jahre hinweg geliebt, aber nie getroffen hat? „Ich rief sie an und sagte: ‚Ich trage dich seit 40 Jahren in meinem Herzen. Ich bin überzeugt, dass wir Seelenfreunde sind und dass wir eines Tages Mann und Frau sein könnten'", berichtet Moti.

Bei Motis erstem Anruf, so Ronit, sprachen sie sehr lange miteinander. „Er klang so positiv, so wunderbar und voller Energie", sagt sie. „Ich sagte am Telefon zu ihm: ‚Moti, ich bin fast 60 Jahre alt und habe acht Enkelkinder. Erwarte bloß nicht, dass da diese 18-Jährige den Laufsteg entlangkommt.' Moti sagte: ‚Ich kenne dich. Ich kenne dich, seit du 18 warst. Ich kenne deine Augen. Ich erwarte dich.'"

Eineinhalb Jahre nach ihrem ersten Treffen heirateten Moti und Ronit. „Es war ganz eindeutig, dass wir füreinander bestimmt waren", sagt Ronit. „Wir sind wie zwei Teenager, die noch mal ganz von vorne beginnen. Moti liebt einfach alles an mir. Bei ihm fühle ich mich wie eine Schönheitskönigin – innerlich und äußerlich."

Natürlich konnte Moti nicht wissen, dass diese verrückte Geschichte so ausgehen würde. Aber trotzdem, so sagt er, musste er seinem Herzen folgen. „Ich hatte den großen Wunsch, sie eines Tages zu heiraten und mit ihr durch eine innige Liebe verbunden zu sein. Ich hatte einen Traum, und habe den Versuch gewagt. Trau dich, deine Träume zu leben."

Nichts ist süßer als die Liebe, nichts stärker, nichts höher, nichts ausgebreiteter als die Liebe, nichts vollkommener.

Im Himmel und auf Erden ist nichts besser als sie, denn die Liebe ist aus Gott geboren, und sie kann in keinem erschaffenen Wesen, sie kann nur in Gott Ruhe finden.

Wer liebt, der siegt, läuft und ist voller Freuden; er ist frei und kennt keine Fesseln. Er sieht nicht auf die Gaben, sondern wendet sich hinaus über alle Gaben zu dem Geber.

— AUS: ES IST ETWAS GROSSES UM DIE LIEBE,
THOMAS VON KEMPEN

Verführerisch gute Schokoladen-Brownies

125 g Margarine
½ Tasse Kakao
125 g brauner Zucker
½ Tasse Mehl
etwas Backpulver
2 Eier
50 g Pekannüsse, grob gehackt
Für die Glasur:
100 g Zartbitter- oder Vollmilchschokolade
1 Esslöffel Butter oder Margarine
2 Esslöffel Naturjoghurt oder saure Sahne
ein paar gehackte Pekannüsse

Die Margarine mit dem Kakao bei schwacher Hitze schmelzen lassen. Vom Herd nehmen und den Zucker, das mit dem Backpulver vermengte Mehl, die Eier und die Nüsse unterrühren. Die Masse in ein tiefes Blech geben (ca. 25 cm x 25 cm) und bei 180° C 15 bis 20 Minuten lang backen. Etwa 15 Minuten abkühlen lassen. Schokolade und Margarine im Wasserbad schmelzen, mit Joghurt oder saurer Sahne verrühren. Die Masse über den abgekühlten Teig geben und mit den gehackten Nüssen bestreuen. In Quadrate schneiden. Warm oder auch kalt servieren, mit Schlagsahne oder ohne.

Filmzitate zum schönsten Thema der Welt

„Da gibt es diesen italienischen Maler namens Carlotti, der hat Schönheit definiert ... Er sagte, sie sei die Gesamtsumme der Teile, die dergestalt zusammenwirken, dass nichts hinzugefügt werden muss, nichts weggenommen oder verändert – und das bist du. Du bist schön."

– NICOLAS CAGE IN NEXT

„Du bist nicht perfekt – und ich will dich gar nicht lange auf die Folter spannen: Dieses Mädchen, das du da kennengelernt hast, ist auch nicht perfekt. Aber die eigentliche Frage ist, ob ihr beiden wie füreinander geschaffen seid."

– GOOD WILL HUNTING

„Ich werde nie loslassen."

– TITANIC

„Als du ‚Hallo' sagtest, war es schon um mich geschehen."

– RENEE ZELLWEGER ZU TOM CRUISE IN JERRY MAGUIRE

„In diesen Träumen habe ich dich so geliebt, dass ich
inzwischen zu wissen glaube, wie es ist, von dir geliebt zu
werden. Ich werde es lieben, von dir geliebt zu sein."

– DER KÖNIG UND ICH

„Ich bin kein kluger Mann, aber ich weiß, was Liebe ist."

– TOM HANKS ZU ROBIN WRIGHT PENN IN FORREST GUMP

„Du bringst mich dazu,
ein besserer Mensch sein zu wollen."

– JACK NICHOLSON ZU HELEN HUNT IN BESSER GEHT'S NICHT

„Lieber würde ich mit dir nur eine einzige Lebensspanne
verbringen als alle Ewigkeiten dieser Welt allein."

– HERR DER RINGE

„Nein, ich glaube nicht, dass ich dich küssen werde, obwohl du das wirklich brauchst. Das ist es, was mit dir nicht stimmt. Du solltest geküsst werden – und zwar sehr oft, von jemandem, der auch weiß, wie."

– CLARK GABLE ZU VIVIEN LEIGH IN VOM WINDE VERWEHT

„Lieber hätte ich den Duft ihres Haares, einen Kuss ihrer Lippen, eine Berührung ihrer Hand als die Ewigkeit ohne all das."

– STADT DER ENGEL

„Wenn das erste Feuer des Verliebtseins niedergebrannt ist, dann bleibt die Liebe übrig – und das ist zugleich eine Kunst und ein glücklicher Zufall. Deine Mutter und ich hatten das. Wir hatten Wurzeln, die in der Tiefe aufeinander zu wuchsen, und als dann all die hübschen Blüten von unseren Zweigen gefallen waren, stellten wir fest, dass wir nur noch ein Baum waren, nicht mehr zwei."

– CORELLIS MANDOLINE

„Das Großartigste, was du jemals lernen wirst, ist zu lieben und wieder geliebt zu werden."

– MOULIN ROUGE

Liebesbriefe

In den vergangenen 27 Jahren ihrer fast 40-jährigen Ehe haben sich Patricia und Alton jeden Tag einen Liebesbrief geschrieben. Das macht mehr als 20.000 Liebesbriefe – mehr als 50 kg Liebe!

Die Idee, tägliche Briefe zu schreiben, kam Alton, nachdem sie ein Eheseminar besucht hatten. Es ging darum, aus guten Ehen bessere zu machen, indem den Eheleuten gezeigt wurde, wie sie ihre Kommunikation verbessern können. „Ein paar Monate lang hatten wir krampfhaft Liebesbriefe geschrieben", erzählt Alton, „aber ich konnte aus ihnen ersehen, dass sie nicht so zur Verbesserung unserer Ehe beitrugen, wie es in dem Seminar vorgestellt worden war."

Ihre Kommunikation verschlechterte sich noch, als sie ein Kind verloren. Patricia erzählt, sie habe sogar erwogen, Alton zu verlassen. „Wenn wir miteinander redeten, weinte ich ... und er konnte das nicht ausstehen. Folglich wollte er nicht mehr über das Erlebte reden. Und ich fasste das als Gleichgültigkeit seinerseits auf", führt Patricia aus. „Ungefähr zu dieser Zeit fingen wir damit an, uns Briefe zu schreiben – und das hat uns wieder zusammen gebracht."

Die Briefe bestehen aus drei Teilen. Alton und Patricia schreiben sie für gewöhnlich vor dem Zubettgehen.

Teil 1: Wie es mir heute geht.

„Lieber Alton", schrieb Patricia nach einem Streit, „ich habe das Gefühl, dass seit gestern Abend noch immer etwas zwischen uns steht."

„Dass Du mich für einen tollen Vater hältst, macht mich sehr stolz", schrieb Alton.

Teil 2: „Ich liebe Dich, weil ..."

„Ich liebe Dich dafür, dass Du die Kinder badest", schrieb Patricia.

„Ich liebe Dich dafür, dass Du mir mein Abendessen gemacht hast", schrieb Alton. „Es war lecker."

Teil 3: Eine Frage, die mir heute gekommen ist.

Alton erklärt, eine solche Frage könne lauten: „Wie geht es mir damit, wenn Du krank bist? Wie geht es mir damit, wenn Du die Kinder anmeckerst? Wie geht es mir damit, wenn Du etwas Besonderes für mich tust?"

Auch wenn sich Patricia und Alton täglich Liebesbriefe schrieben, heißt das noch lange nicht, dass sie nie Streit hätten. Alton erzählt, dass es Tage gibt, an denen die Liebesbriefe das Einzige sind, was sie sich zu sagen haben.

An solchen Tagen, so Patricia, „schreibe ich für gewöhnlich ‚Ich liebe Dich heute.' Punkt. Keine Begründung. Einfach, weil ich die Entscheidung treffe, ihn an diesem Tag zu lieben. Manchmal sind wir sauer aufeinander. In diesem Moment mögen wir einander nicht, aber wir lieben uns noch immer."

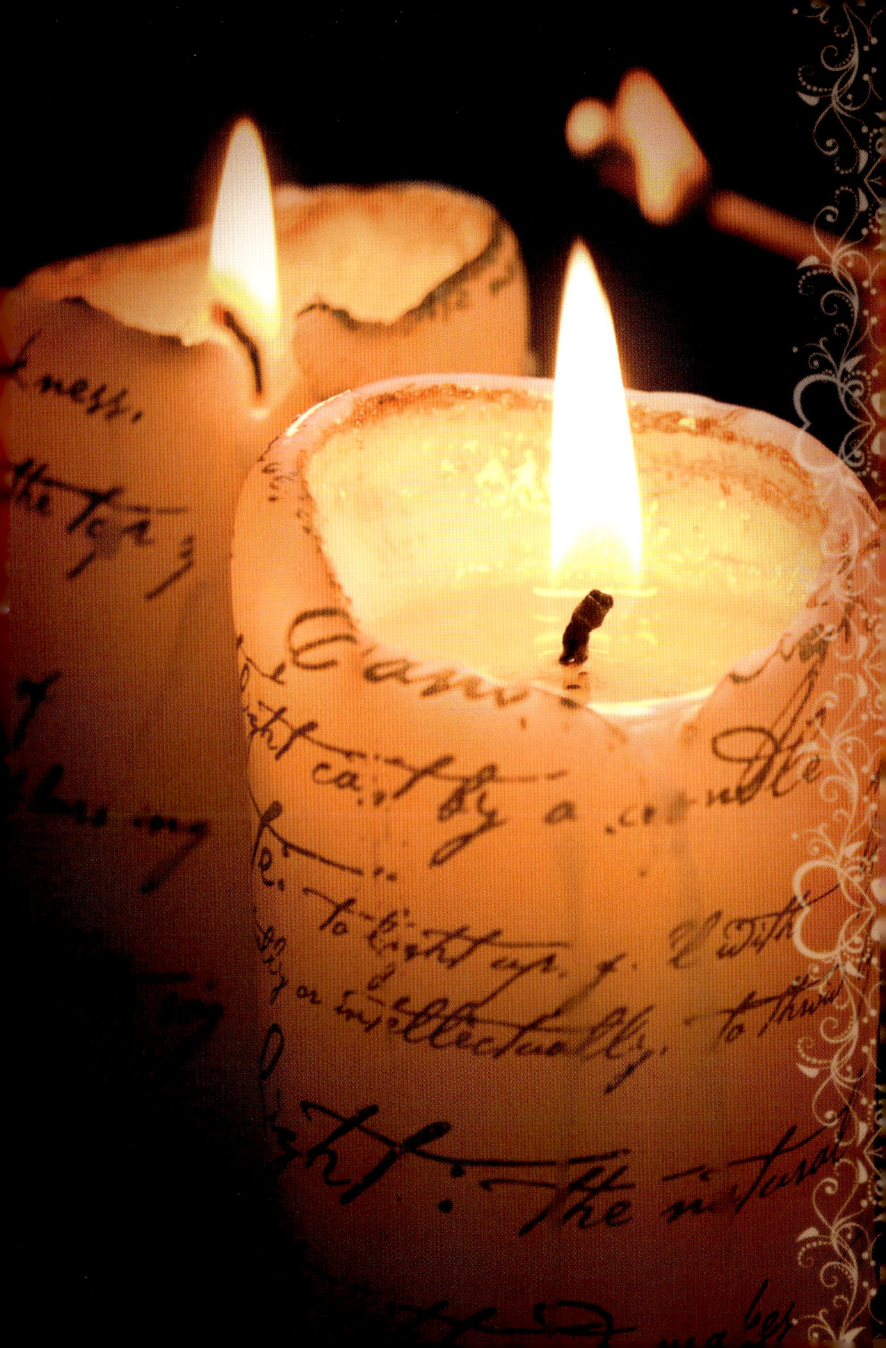

by a
to light up
intellectually, to
The

Schlüsselworte
in einer Beziehung

Die 6 wichtigsten Worte:

„Ich gebe zu, das war falsch."

Die 5 wichtigsten Worte:

„Wie kann ich dir helfen?"

Die 4 wichtigsten Worte:

„Du bedeutest mir alles."

Die 3 wichtigsten Worte:

„Ich liebe dich."

Die 2 wichtigsten Worte:

„Entschuldige bitte."

Das eine wichtige Wort:

„Wir."

Meine Freunde! Lasst uns einander lieben,

denn die Liebe kommt von Gott.

Wer liebt, ist ein Kind Gottes und kennt Gott.

Wer aber nicht liebt, der weiß nichts von Gott;

denn Gott ist Liebe.

Wirkliche Liebe ist frei von Angst.

Ja, wenn die Liebe uns ganz erfüllt,

vertreibt sie sogar die Angst.

Wer sich also fürchtet und vor der Strafe zittert,

der kennt wirkliche Liebe noch nicht.

Wir lieben, weil Gott uns zuerst geliebt hat.

— AUS 1. JOHANNES 4

23. January 1935

Meine liebste Clemmie,

in Deinem Brief aus Madras hast Du so liebevoll davon geschrieben, wie ich Dein Leben bereichert habe. Ich kann Dir gar nicht sagen, wie sehr mich das gefreut hat, denn ich habe immer dieses überwältigende Gefühl, in Deiner Schuld zu stehen, wenn man denn in der Liebe solcherlei Rechnung anstellen kann ... Was es mir schon all die Jahre bedeutet, in Deinem Herzen und in Kameradschaft mit Dir zu leben, das kann mit Worten nicht ausgedrückt werden.

Die Zeit fliegt nur so dahin, aber ist es nicht wunderbar zu sehen, was für einen großartigen und noch immer wachsenden Schatz wir miteinander gesammelt haben – und das mitten in den Stürmen und Widrigkeiten so vieler ereignisreicher und für Millionen tragischer und schrecklicher Jahre?

Dein Dich liebender Ehemann

– Ein Brief von Winston Churchill

Er küsse mich mit dem Kusse seines Mundes.

Deine Liebe ist lieblicher als Wein.

Zieh mich dir nach, so wollen wir laufen.

Der König führte mich in seine Kammern.

Wir wollen uns freuen und

fröhlich sein über dich.

– HOHELIED SALOMOS, KAPITEL 1

Wie man „Ich liebe dich" in anderen Sprachen sagt

❤ Niederländisch: *Ik hou van je*

❤ Französisch: *Je t'aime*

❤ Englisch: *I love you*

❤ Dänisch: *Jeg elsker dig*

❤ Italienisch: *Ti amo*

❤ Polnisch: *Kocham cie*

❤ Russisch: *Ya tyebya lyublyu*

❤ Schweizerdeutsch: *I lieb di*

❤ Spanisch: *Te amo*

❤ Arabisch: *Ana behibak*

❤ Hebräisch: *Ani ohevet otcha*

❤ Türkisch: *Seni seviyorum*

Die Liebe ist ...

... langmütig, die Liebe ist gütig.
Sie erträgt alles, glaubt alles, hofft alles, hält allem stand.
Die Liebe hört niemals auf.

– AUS 1. KOR. 13

... ein Akt niemals endenden Vergebens,
ein zärtlicher Blick, der zur Lebenseinstellung wird.

– PETER USTINOV

... kein Solo. Liebe ist ein Duett. Schwindet sie bei einem,
verstummt das Lied.

– ADELBERT VON CHAMISSO

... eine Macht, die mehr Siege gewinnt
als alle Heere der Welt!

– FRIEDRICH VON BODELSCHWINGH

... das, was man mit dem anderen zusammen durchgemacht hat.

– James Thurber

... sich nicht einfach nur gegenseitig anzusehen, sondern in dieselbe Richtung zu blicken.

– Antoine de Saint-Exupery

… nur ein Wort, aber sie trägt alles, was wir haben. Ohne sie wäre die Welt leer.

– Oscar Wilde

... das einzige Taschentuch, das die Tränen der Traurigen trocknet.

– Charles Spurgeon

... nichts, was du fühlst. Sie ist etwas, das du tust.

– David Wilkerson

... der Blick der Seele.

– Simone Weil

Frau meiner Träume

Eines Sonntagabends im November stand Patrick Moberg, ein 21-jähriger Webdesigner, an der U-Bahn-Station Union Square in New York, als er aus den Augenwinkeln eine junge Frau bemerkte. Obwohl er in seinem Leben schon einige schöne Frauen gesehen hatte, wusste er in diesem Moment, dass die Frau genau das war, was er sich erträumte.

Als U-Bahn Nr. 5 in die Haltestelle einfuhr, stiegen sie beide ein. Patrick nahm viele Details wahr – ihr Haar war geflochten, und eine Blume steckte darin. Sie trug hellblaue Shorts und eine dunkelblaue Strumpfhose und schrieb in ein Notizbuch. Er musste sie einfach ansprechen.

Er holte tief Luft und ging durch das Abteil auf sie zu. Da fuhr die Bahn in die Bowling-Green-Station ein. Die Türen öffneten sich, die Menschenmenge umgab sie – und im nächsten Augenblick war sie verschwunden. Sein erster Gedanke war, ihr hinterherzulaufen, aber er wollte den Eindruck vermeiden, er verfolge sie. Da schoss ihm ein Gedanke durch den Kopf: Er könnte sich des Internets bedienen! „Das erschien mir weniger aufdringlich", sagt er. „Ich wollte ihre Privatsphäre nicht verletzen."

Am selben Abend noch programmierte er eine neue Internetseite: nygirlofmydreams.com – New Yorker Frau meiner Träume.

In der Titelzeile hieß es: „Heute Abend habe ich die Frau meiner Träume in der U-Bahn gesehen." Er fügte sogar eine Zeichnung von ihr ein, wie er sie im Gedächtnis hatte, und wies auf Details wie die Blume in ihrem Haar hin. Außerdem

stellte er auch eine Zeichnung von sich selbst ein mit einem auf seinen Kopf gerichteten Hinweis: „Nicht durchgeknallt."

Die Geschichte machte die Runde, und rasch hatte er Tausende von Hinweisen. Ein paar davon waren allerdings von irgendwelchen Scherzkeksen, ein paar von Frauen, die sich ihm für den Fall anboten, dass er nicht erfolgreich sein sollte. Zwei Tage später aber erhielt er eine E-Mail von jemandem, der behauptete, die Frau zu kennen – im Anhang war ein Foto. Sie war es. Sie stammte aus Australien und machte gerade ein Volontariat bei einer Zeitschrift. Ihr Name war Camille. Und sie war bereit, sich mit ihm zu treffen.

Ihr erstes Treffen – arrangiert von der Radiosendung „Good Morning America" – war etwas unangenehm und verkrampft. Derart in der Öffentlichkeit zu stehen trägt nicht gerade dazu bei, eine potenzielle Romanze zu fördern. „Wir wussten nicht so recht, wie wir miteinander umgehen sollten", sagt Patrick. „Im Hinterkopf nagte an mir immerzu die Frage, wer dieser Kerl eigentlich ist", fügt Camille hinzu. Schließlich hatten sie die Möglichkeit, ohne Mikrophon vor der Nase miteinander zu sprechen. „Alles, was ich dabei über sie erfuhr, war wunderbar und bestärkte mich nur", meint Patrick. Sie war gescheit, witzig und eine starke Persönlichkeit – sie passte glänzend zu diesem schüchternen New Yorker Kerl. „Seitdem", fährt er fort, „verbringen wir jeden Tag Zeit miteinander."

Nachdem der Medienrummel sich gelegt hatte, aktualisierte Patrick seine Internetseite mit dem Hinweis, dass sie sich getroffen hatten und dass sie viel Zeit miteinander verbrachten. Jetzt allerdings, so schrieb er, brauchten sie ihre Ruhe, um einander kennenzulernen und zu sehen, was die Zukunft wohl für sie bereit hielte.

Verliebtheit ist etwas Köstliches, aber sie ist nicht das höchste menschliche Gefühl. Liebe im Unterschied zur Verliebtheit ist kein bloßes Gefühl. Sie ist ein tiefes Einssein, das durch den Willen garantiert und durch die Gewohnheit bewusst gefördert wird. Der Motor der Ehe läuft mit dieser stillen Liebe, die Verliebtheit war die Kurbel, die den Motor angeworfen hat.

– C. S. Lewis

Vollkmmene Liebe vertreibt die Furcht

Wenige Monate bevor ihr Mann Peter in den Ruhestand gehen sollte, verließ Jean auf eigene Verantwortung das Krankenhaus, um zu Hause zu sterben. Sie hatte eine unheilbare Krankheit und war voller Angst.

Als Peter in dieser Nacht neben seiner Frau lag, fragte er sich und Gott, was er nur tun könne, um die Qualen seiner Frau zu lindern. Sie hatte sich angesichts ihres bevorstehenden Todes schon aufgegeben. Ihre Angst war so groß, dass ihr Körper sich völlig versteifte.

Gott gab Peter in dieser Nacht ein Bibelwort in den Sinn – eine Antwort auf seine verzweifelten Gebete. Es handelte sich um einen Vers aus 1. Johannes 4: „Furcht gibt es in der Liebe nicht, sondern die vollkommene Liebe vertreibt die Furcht."

Manche hätten die Gelegenheit, einer kranken Frau einen so wunderbaren Vers sagen zu können, sofort beim Schopf gepackt. Nicht so Peter. Er wusste genau, dass dieser Vers für ihn bestimmt war, nicht für Jean. Er sollte etwas unternehmen, und am nächsten Morgen wusste er auch, was. Und er war sich darüber im Klaren, was es ihn kosten würde: Eine enorme emotionale Kraftanstrengung – und am Ende würde er den geliebten Menschen doch verlieren.

Aber er ging es an. Er schloss seine Frau beim Frühstück in seine Arme, und er liebkoste sie beim Mittagessen. Er kuschelte mit ihr beim Kaffeetrinken und zum Abendessen.

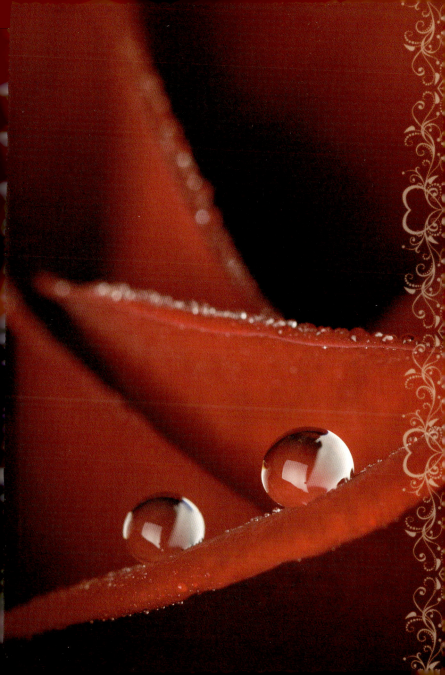

Drei lange Monate war er selten mehr als einen Meter von ihr entfernt. Vielleicht war es nicht die vollkommene Liebe, aber es war das Einzige, was er tun konnte – und Gott war mit dabei. Gegen Ende dieser drei Monate hatte er die Furcht aus Jean herausgeliebt. Sie begann sich dafür zu interessieren, wo sie sich nach seiner Pensionierung niederlassen könnten.

Als Peter drei Jahre später die Hand seiner sterbenden Frau hielt, wusste er, dass sie keine Angst mehr hatte. Und er konnte zu Gott sagen: „Ich hab's geschafft, Herr. Ich habe getan, was du gesagt hast. Vielleicht war es nicht die vollkommene Liebe, aber ich habe mein Bestes gegeben, und du hast es noch überboten ..."

Für jetzt bleiben Glaube, Hoffnung, Liebe,

diese drei;

doch am größten unter ihnen ist die Liebe.

– 1. Korinther 13,13

Der Mensch betrachtete die Tiere und benannte sie.

Für sich selbst aber fand er niemanden,

mit dem er leben konnte und der zu ihm passte.

Da ließ Gott, der Herr, einen tiefen Schlaf über ihn

kommen, entnahm ihm eine Rippe

und verschloss die Stelle wieder mit Fleisch.

Aus der Rippe formte er eine Frau

und brachte sie zu dem Menschen.

Da rief dieser: „Endlich gibt es jemanden wie mich!

Sie wurde aus einem Teil von mir gemacht –

wir gehören zusammen!"

Darum verlässt ein Mann seine Eltern

und verbindet sich so eng mit seiner Frau,

dass die beiden eins sind mit Leib und Seele."

1. Mose 2,21-24

Ich bin mir meiner Seele

in deiner nur bewusst,

Mein Herz kann nimmer ruhen

als nur an deiner Brust!

Mein Herz kann nimmer schlagen

als nur für dich allein.

Ich bin so ganz dein eigen,

so ganz auf immer dein.

THEODOR STORM (1817–1888)